Einsterns Schwester
leicht gemacht

2

Themenheft 2

★ Richtig schreiben

Herausgegeben von
Roland Bauer, Jutta Maurach

Erarbeitet von
Katrin Baudendistel, Daniela Dreier-Kuzuhara,
Martina Schramm, Alexandra Schwaighofer

In Zusammenarbeit mit
der Redaktion Grundschule Deutsch 2–4

Cornelsen

Inhaltsverzeichnis

Ich bin Lola und helfe dir mit Profitipps.

So kannst du mit den Heften arbeiten

Du machst alle
Seiten der Lernportion 1.

Zuerst im
grünen Heft.

Dann im
roten Heft.

Dann im
gelben Heft.

Und dann im
blauen Heft.

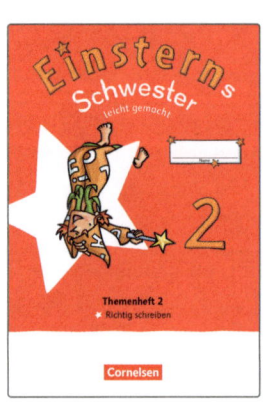

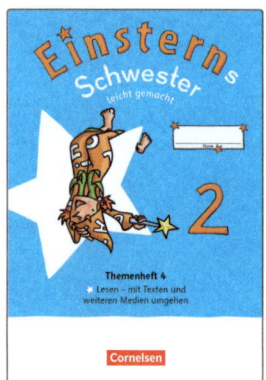

Danach machst du in
allen Heften die Lernportion 2.

Nun machst du in
allen Heften die Lernportion 3.

In diesem Heft
kannst du den
Grundwortschatz
vertiefend üben.

Genauso bearbeitest du
alle anderen Lernportionen.

 ①

② Lies die Wörter.
Zeichne die Silbenbögen ein.

Tafel	Schultasche	Pinsel
Tisch	Kalender	Buch

Silbenschwingen hilft beim richtigen Schreiben:
Gemüse, Schokolade.

① Sprich, schwinge und
schreibe die Nomen.
Zeichne die Silbenbögen ein.

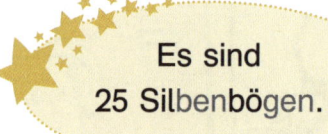

Es sind
25 Silbenbögen.

Salami

Lernportion 1: Mit Silben arbeiten

Plenum: beschreiben, warum das Mitsprechen und Silbenschwingen dabei hilft, Wörter richtig zu schreiben;
erste Rechtschreibstrategien anbahnen

6

Jede Silbe hat einen **Silbenkern**.
Silbenkerne können sein:
- a, e, i, o, u (Vokale, Selbstlaute),
- ä, ö, ü (Umlaute),
- au, ei, eu (Zwielaute).

(1) Zeichne die Silbenbögen ein.
Markiere die Silbenkerne.

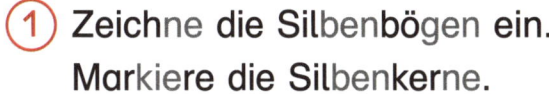

Blume   Minute   Hase

Papagei   Daumen   Telefon

Leiter   Flöte

Hast du
in jeder Silbe
einen Silbenkern
markiert?

Bücher   Käfer

Fledermaus   Brüder

Lernportion 1: Mit Silben arbeiten

① Lies die Nomen und schwinge.
Verbinde.

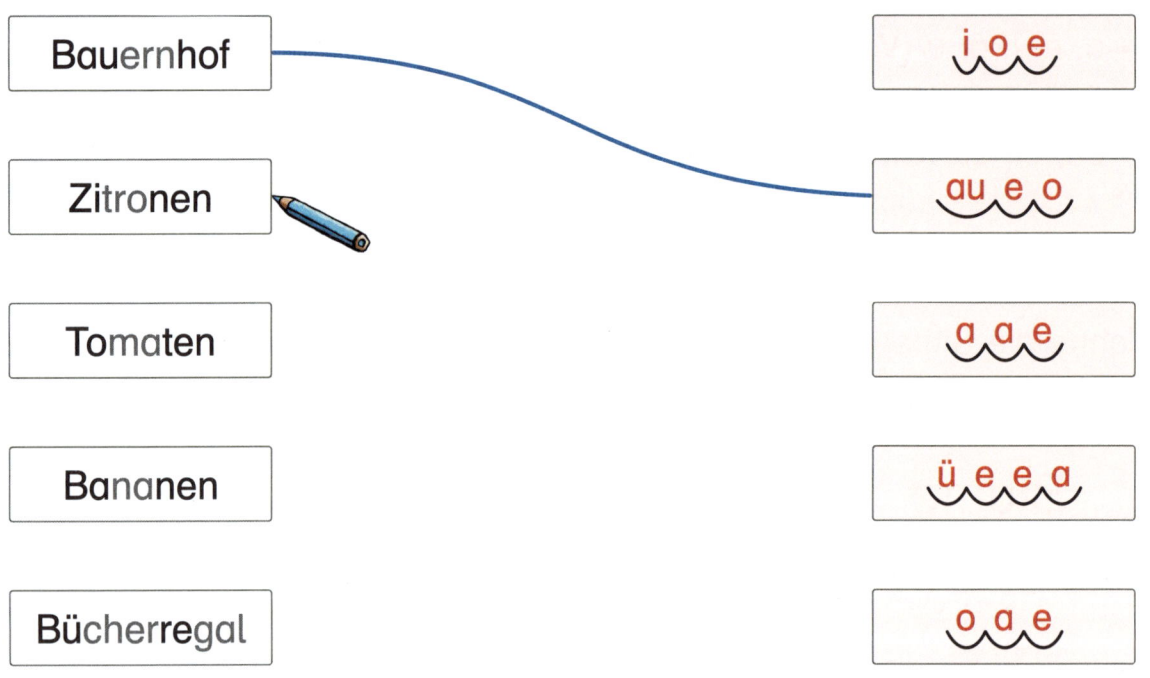

Bauernhof	i o e
Zitronen	au e o
Tomaten	a a e
Bananen	ü e e a
Bücherregal	o a e

② Zeichne die Silbenbögen ein.
Ergänze die Silbenkerne.

Baumhaus

au au

Gemüse

Käfer

Reiter

Seifenblase

Rakete

 (1) Lies die Anleitung. Spielt das Spiel.

Du brauchst: Spielsteine

Spielanleitung: Suche dir ein Kind. Finde ein Nomen, das zum Thema **Schule** passt. Nenne die Anzahl der Silben. Gehe mit deinem Stein um die Anzahl der Silben vor. Nun ist das andere Kind an der Reihe. Wer auf ein farbiges Feld kommt, rutscht die Leiter herunter. Wer ist zuerst am Ziel?

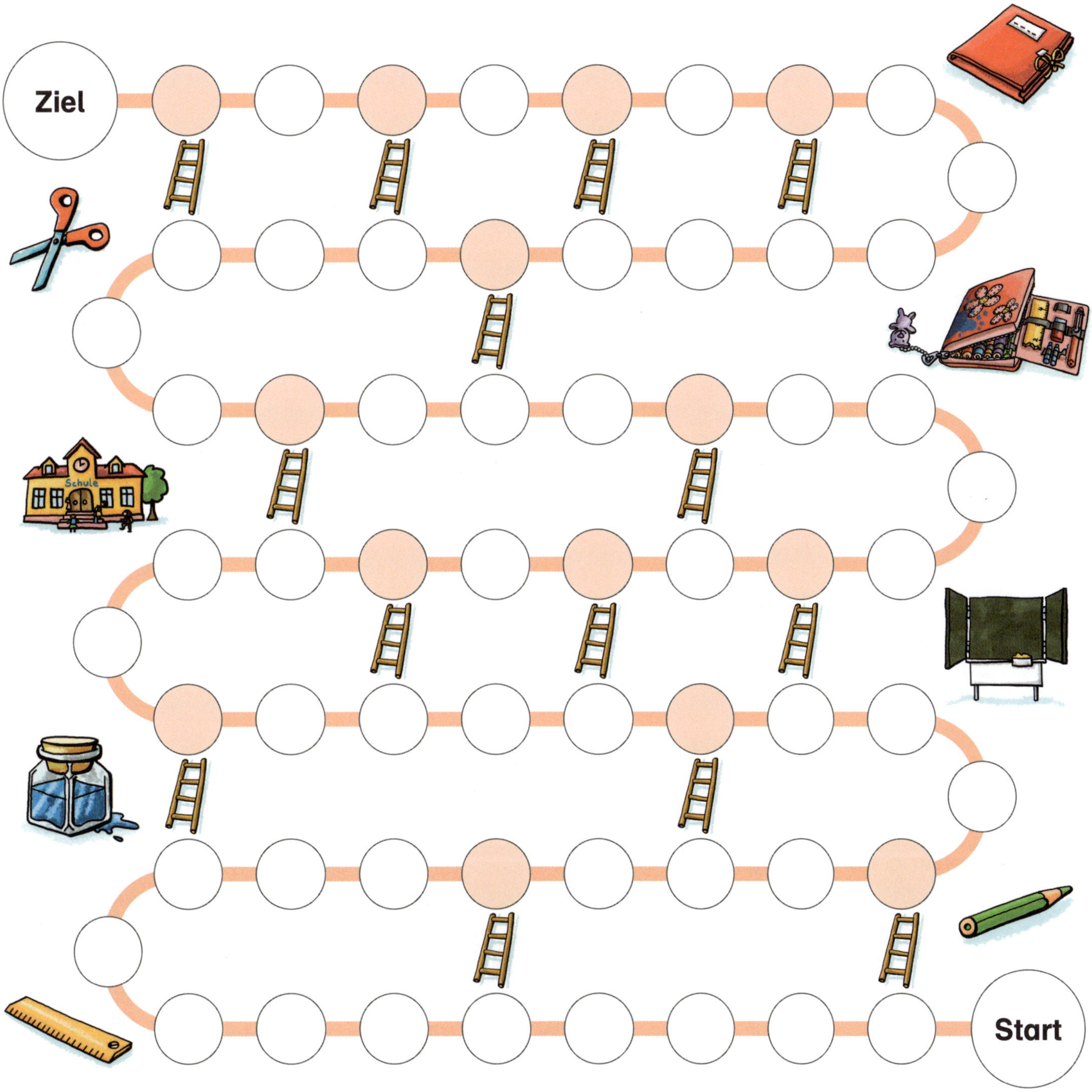

Ziel

Start

Lernportion 1: Mit Silben arbeiten

MK-Tipp: sich über analoge und digitale Spiele austauschen und Vorlieben reflektieren

① Verbinde die Bilder und Silben.

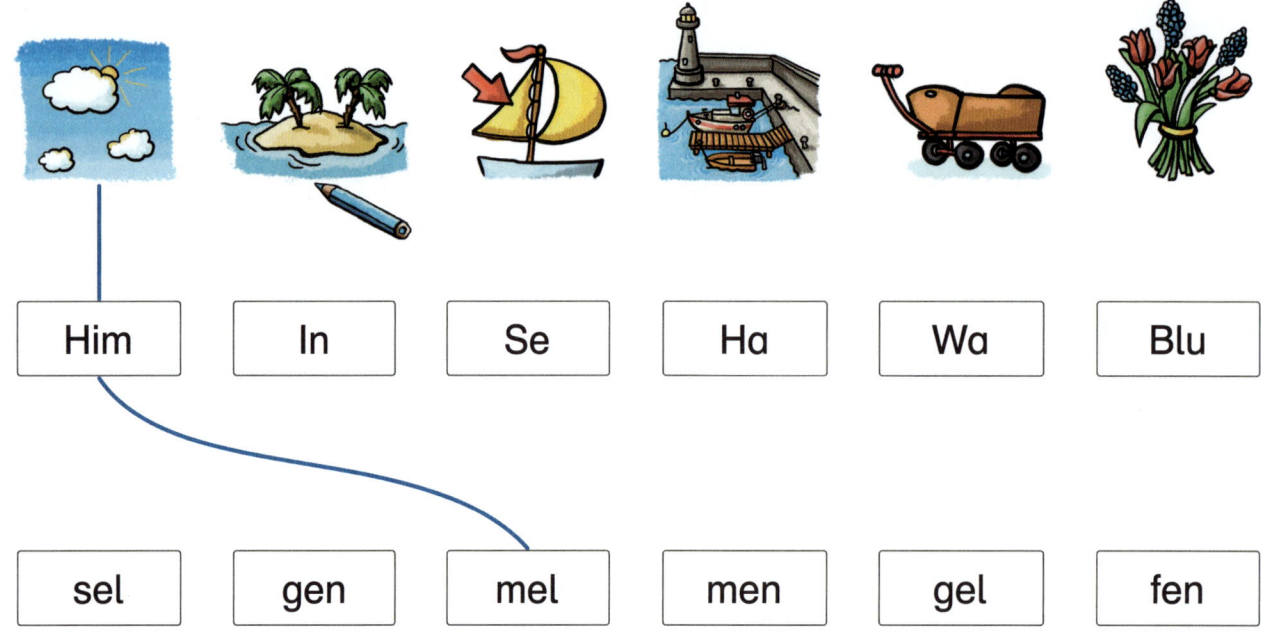

| Him | In | Se | Ha | Wa | Blu |

| sel | gen | mel | men | gel | fen |

② Schreibe die Nomen aus ① auf.
Zeichne die Silbenbögen ein.
Markiere die Silbenkerne.

Himmel,

Das Silbenschwingen
hilft beim Hören der Endungen
el und **en**.

husten
der Regen
der Flügel

① Setze die Silben zu Nomen zusammen.
Zeichne die Silbenbögen ein.

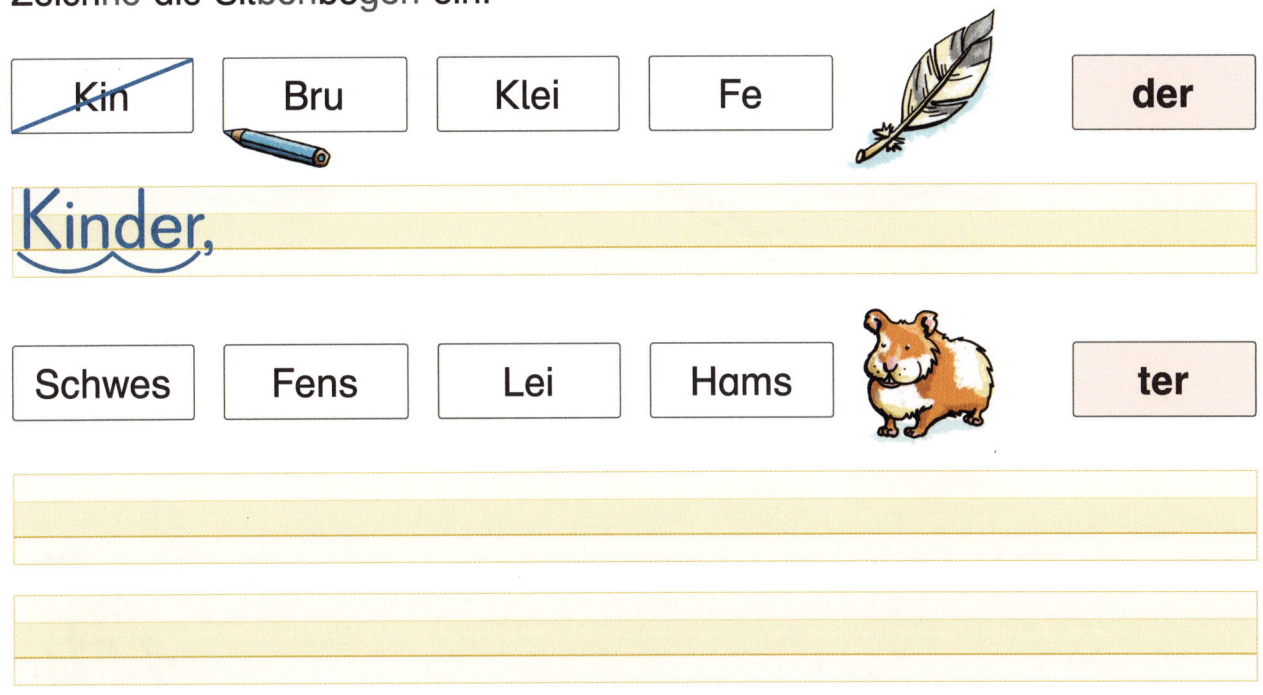

Kin	Bru	Klei	Fe		**der**

Kinder,

Schwes	Fens	Lei	Hams		**ter**

② Schreibe die Wörter ab.
Unterstreiche **er** am Ende.

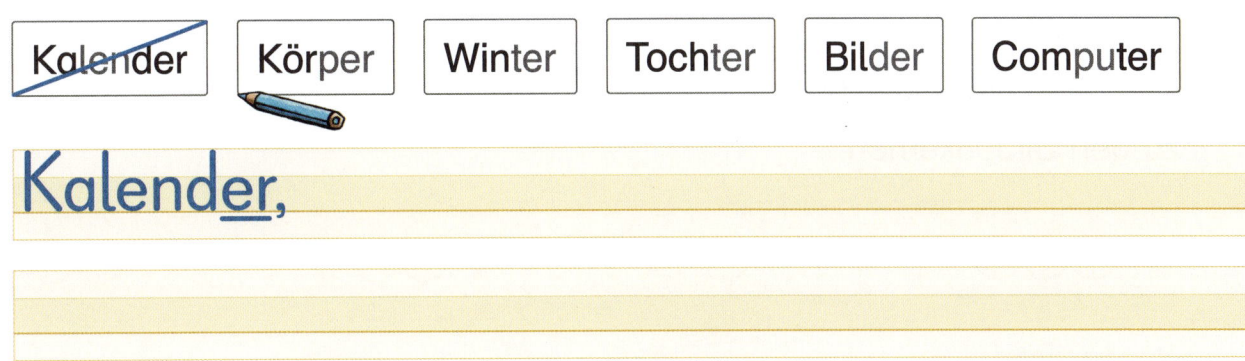

Kalender	Körper	Winter	Tochter	Bilder	Computer

Kalend<u>er</u>,

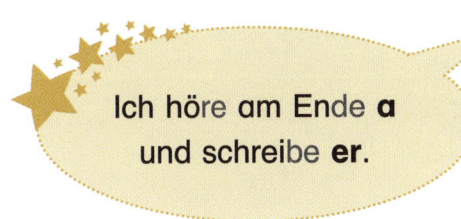

Ich höre am Ende **a**
und schreibe **er**.

der Comput<u>er</u>
der Käf<u>er</u>
unt<u>er</u>

Lernportion 1: Mit Silben arbeiten

Plenum: beim Silbenschwingen darstellen, dass die Endungen el, en und er Wortbausteine sind, die durch das Schwingen hörbar werden; den Umgang und Erfahrungen mit der Lernwörterkartei beschreiben

AH 7

11

① Verbinde, was sich reimt.

Rakete	Knopf	Tasche	Suppe

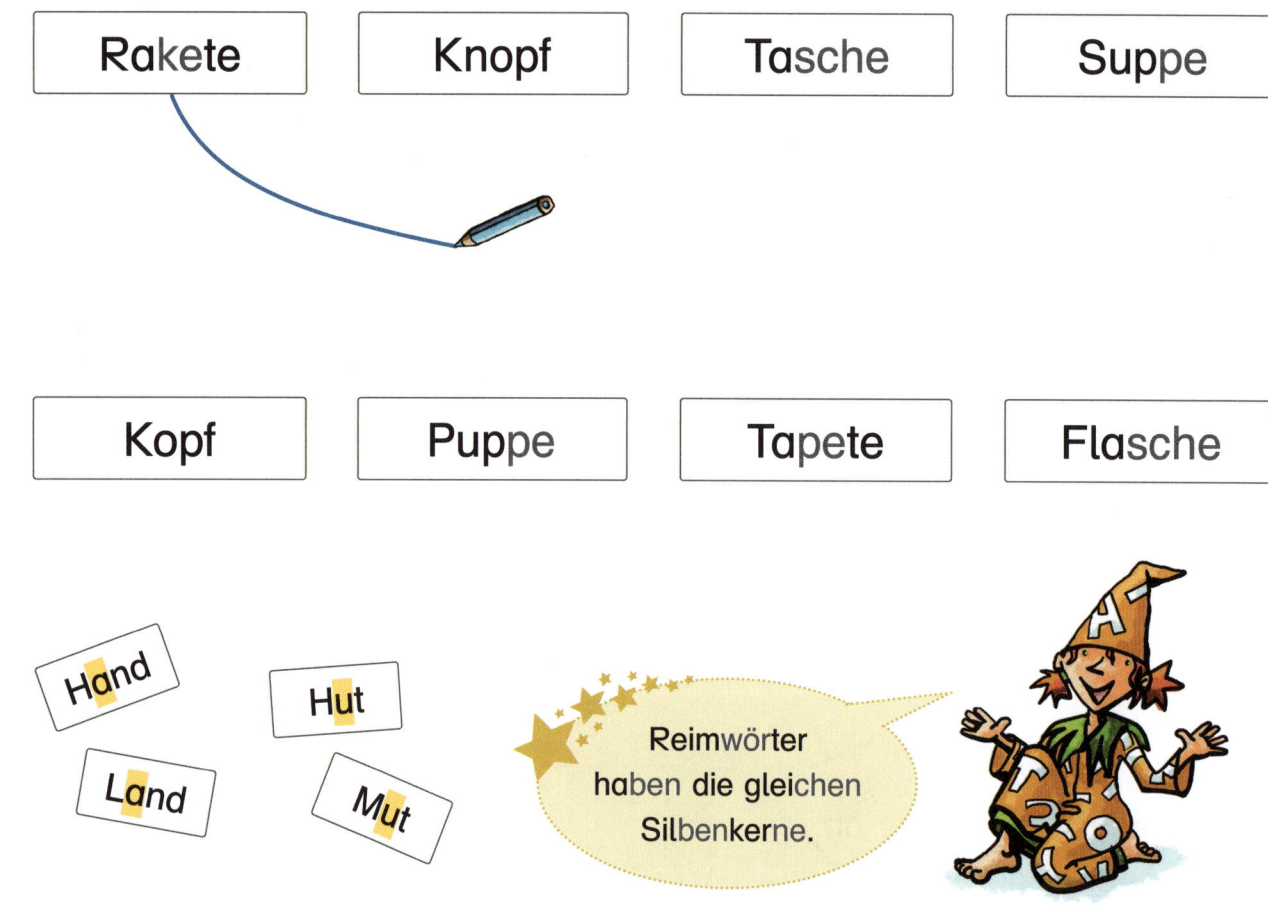

Kopf	Puppe	Tapete	Flasche

Hand

Hut

Land

Mut

Reimwörter haben die gleichen Silbenkerne.

② Schreibe die Reimwörter aus ① zu den Silbenkernen.

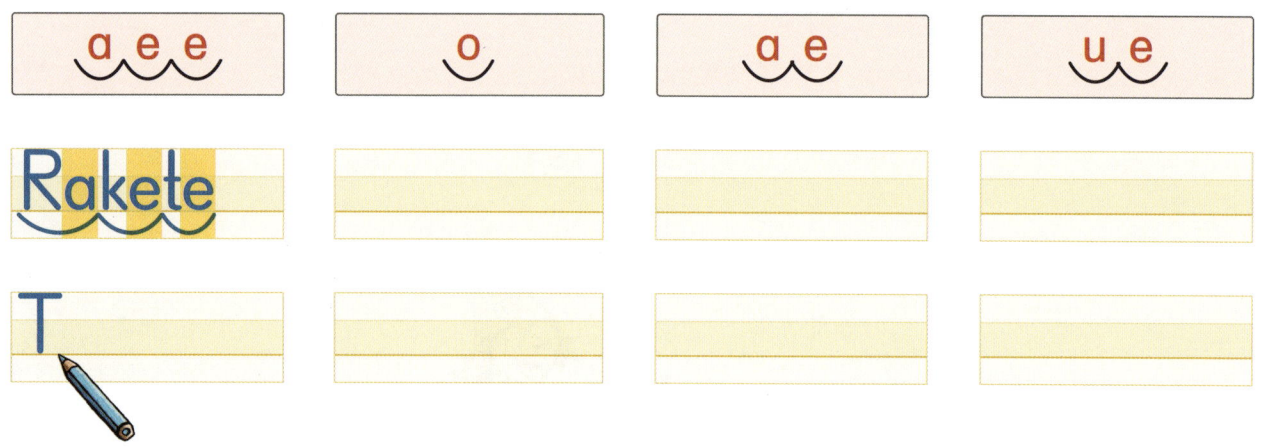

a e e   o   a e   u e

Rakete

T

③ Markiere die Silbenkerne in ②.
Zeichne die Silbenbögen ein.

Ein **Zwielaut** besteht aus zwei Vokalen (Selbstlauten)
oder aus einem Umlaut und einem Vokal (Selbstlaut).
Zwielaute sind au, ei, eu, äu:
Auge, Kleid, Euro, Verkäufer.

① Lies die Wörter
mit au und Au.

Wörter mit Au/au

das Auto

die Schaukel

die Taube

kaufen

blau

② Schreibe die Wörter aus ① auf.

der Daumen,

③ Markiere bei den Wörtern in ②
immer au und Au.

die Frau
braun
kaufen

① Bilde die Nomen und schreibe sie auf. Markiere Ei/ei.

K · l · ei · d

Kleid

P · o · l · i · z · ei

Sch · ei · w · n

S · ei · t · e

L · ei · t · e · r

Ei · m · e · r

Z · ei · t

K · r · ei · s

✋ ②

Welche Wörter mit **ei** habe ich versteckt?

rotKleidHausMeissehau

das Kleid
schleichen
reich

Lernportion 2: Ein Laut – mehrere Buchstaben

MK-Tipp: eine Liste mit Wörtern mit Ei/ei am Computer erstellen

① Setze Eu / eu oder au ein.
Zeichne die Silbenbögen ein.

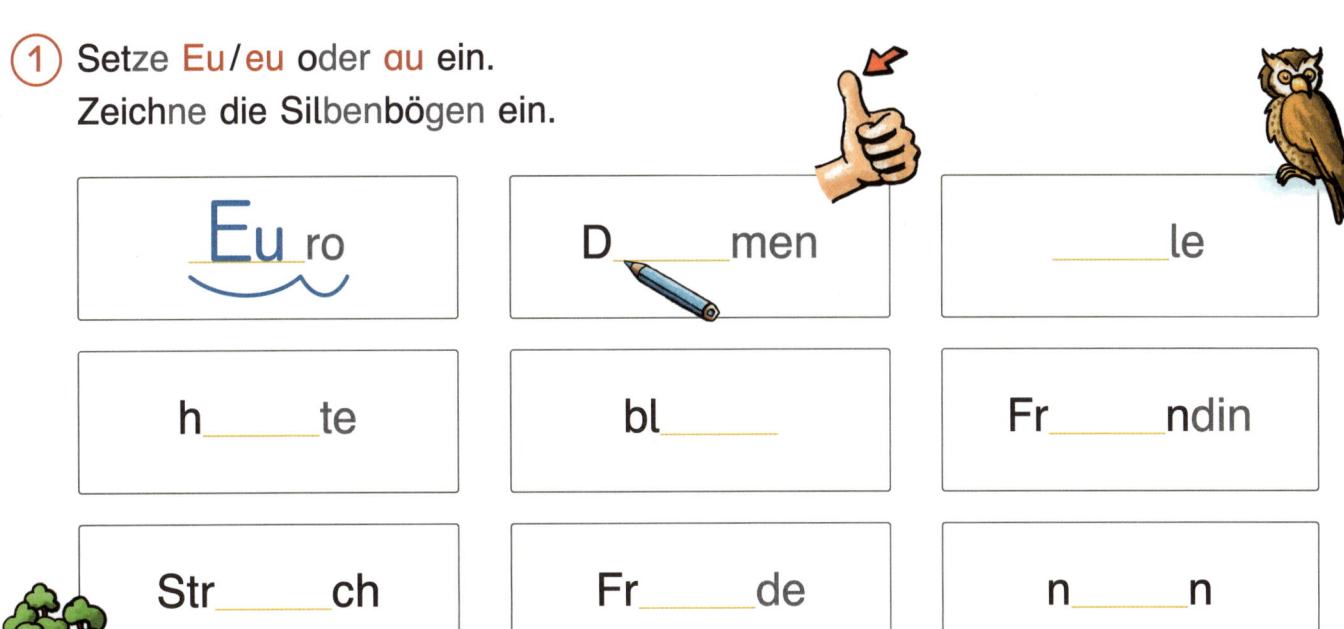

Eu ro	D____men	____le
h____te	bl____	Fr____ndin
Str____ch	Fr____de	n____n

② Setze die Wörter passend ein.

| neugierig | ~~heute~~ | neues | freuen | Freunde |

Das neue Kind

Die 2 b soll **heute** ein _____ Kind bekommen.

Alle sind _____ , wer es ist.

Frau Reuter kommt mit einem Mädchen in die Klasse.

„Das ist Lara. Ihr werdet bald _____ werden", sagt sie.

Die Kinder _____ sich.

③ Markiere in ② den Zwielaut eu.

die Eule
die Freundin
heulen

1 Lies die Sätze.

A Der kleine Affe mag Bananen.

B An der Mauer sind Ameisen.

C Der Lehrer teilt Zeugnisse aus.

D Lisa hat einen blauen Beutel.

E In der Scheune war ein Feuer.

2 Schreibe die Sätze aus **1** ab.

A Der kleine

B

C

D

E

3 Markiere in **2** au, ei und eu.

4 Bildet abwechselnd Sätze mit au, ei und eu.

Mein Freund heißt Paul.

So schreibe ich Wörter ab

1. Ich lese das Wort.
2. Ich spreche das Wort in Silben.
3. Ich schreibe das Wort Silbe für Silbe auf.
4. Ich vergleiche das Wort mit der Vorlage.
5. Ich verbessere das Wort, wenn nötig.

① Schreibe die Wörter ab. Unterstreiche **ch**.

Mädchen	Buch	acht	Drache

rechnen	versuchen	Woche	Frucht

Mädchen,

  ②

Licht
Bach
Fach
riechen
Gesicht
machen
mich
lachen
…

ch wie in Milch | ch wie in Buch
Licht | Bach

Fach

das Dach
welche
gleich

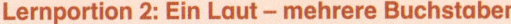

Lernportion 2: Ein Laut – mehrere Buchstaben

Plenum: das Vorgehen beim Abschreiben beschreiben; die Lautqualität von ch durch Gegenüberstellung beschreiben und unterscheiden
MK-Tipp: eine Liste mit Wörtern mit ch am Computer erstellen

17

①

Bank
bringen
Enkel
Junge
Stange
dunkel
Anfang
lenken

ng	nk
bringen	Bank

Enkel

② Setze die Wörter ein.

| krank | Finger | S~~tängel~~ | Ring | danken | Onkel |

Die Blume hat einen langen **Stängel** .

Anna hat Fieber. Sie ist _____ .

Du hast mir geholfen, ich will dir _____ .

Wir haben fünf _____ an einer Hand.

Mein _____ hat einen

_____ am Finger.

der Engel
eng
sinken

① ・ Quark

⚁ Tim

⚂ Die Tür

⚃ Ein Frosch

⚄ Eine Qualle

⚅ Wasser

quietscht laut. ・

ist gesund. ⚁

quatscht viel. ⚂

kommt aus der Quelle. ⚃

quakt am Teich. ⚄

hat viele Arme. ⚅

Quark …

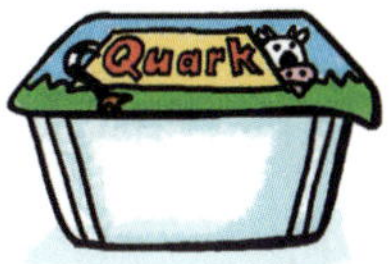

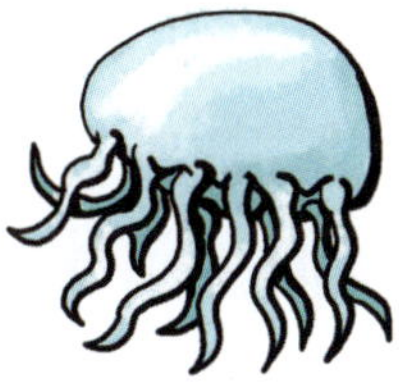

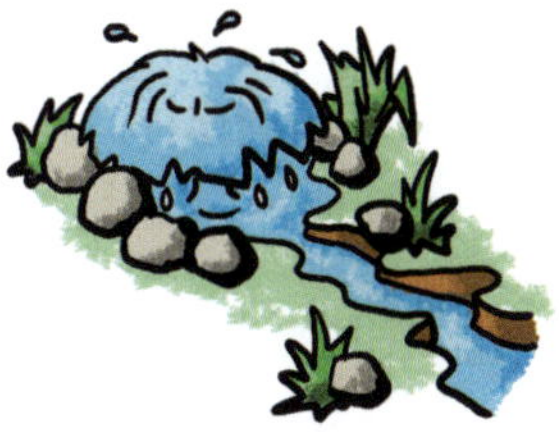

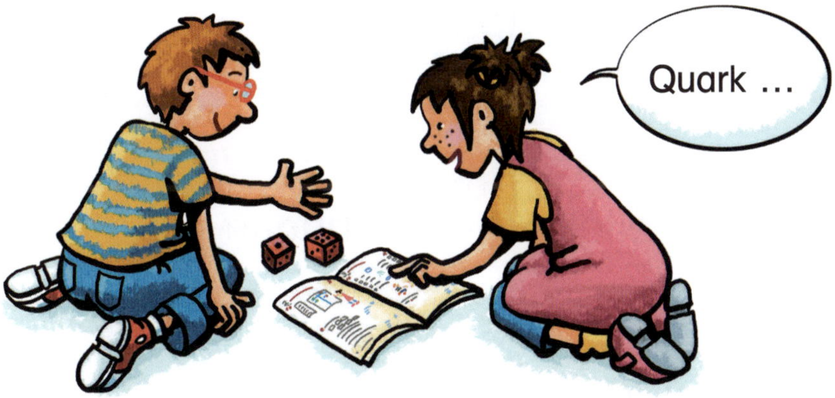

② Schreibe drei Sätze aus ① auf.

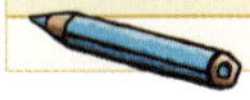

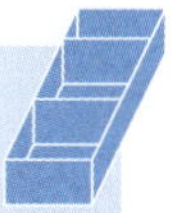

der Quark
quaken
bequem

① Setze richtig ein.
Lies die Wörter.

Sp oder St?

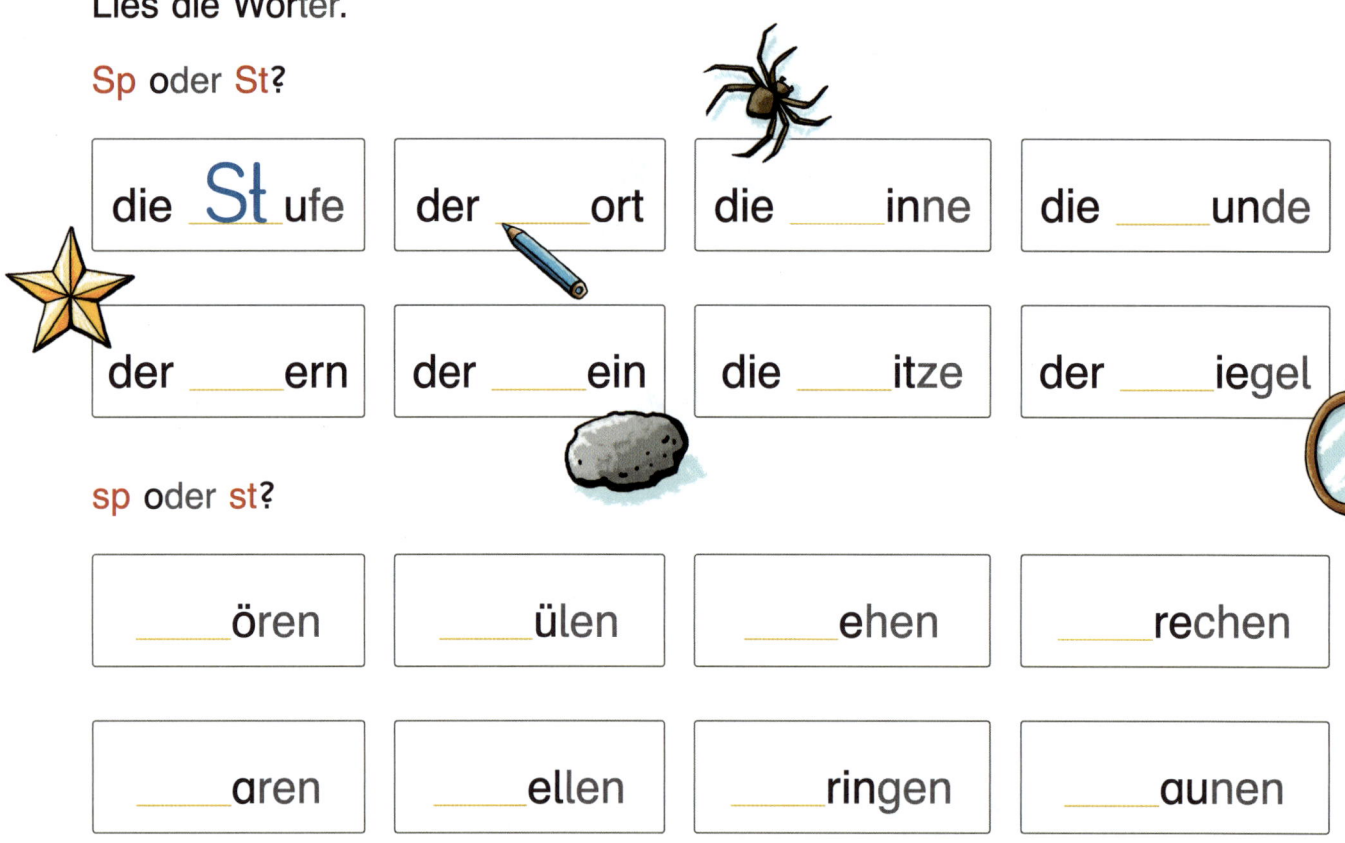

die __St__ ufe   der ____ort   die ____inne   die ____unde

der ____ern   der ____ein   die ____itze   der ____iegel

sp oder st?

____ören   ____ülen   ____ehen   ____rechen

____aren   ____ellen   ____ringen   ____aunen

② Setze die Wörter passend ein.
Lies den Text.

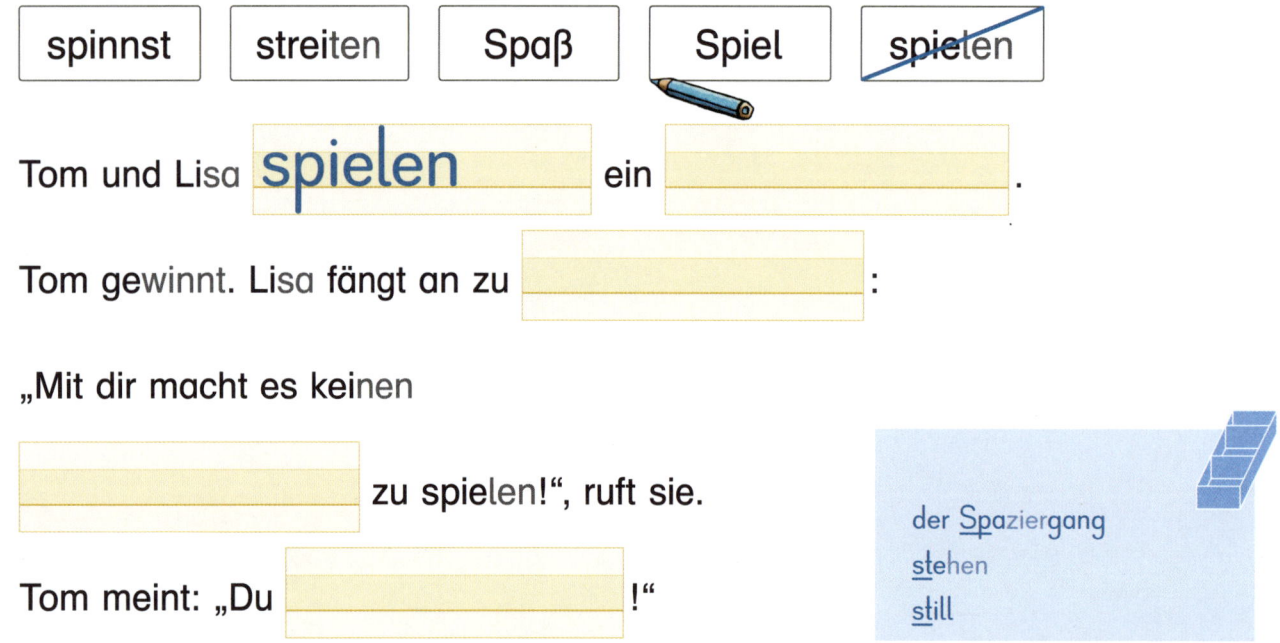

| spinnst | streiten | Spaß | Spiel | ~~spielen~~ |

Tom und Lisa __spielen__ ein _____.

Tom gewinnt. Lisa fängt an zu _____:

„Mit dir macht es keinen

_____ zu spielen!", ruft sie.

Tom meint: „Du _____!"

der Spaziergang
stehen
still

① Kreise die sechs Nomen mit **x** ein.

Suche nur so: ⟶

die **Axt**

die **Hexe**

der **Text**

A	X	T	H	E	R	O	P	Z	B	N	X
X	D	W	Q	Ä	M	E	X	O	L	T	S
V	Z	T	U	P	E	X	L	X	Y	W	N
Ü	X	Y	L	**H**	E	X	E	B	G	M	A
I	O	Z	T	W	E	R	Q	T	A	P	I
M	Ä	P	**B**	O	X	E	R	G	R	E	P
Z	M	N	U	I	A	O	**T**	A	X	I	J
M	K	**T**	E	X	T	Y	A	M	N	B	U
R	**L**	E	X	I	K	O	N	V	B	N	M
R	A	O	Z	E	L	E	N	H	I	U	S

der **Boxer**

das **Lexikon**

das **Taxi**

② Schreibe die Nomen mit **x** aus ①
mit dem Artikel auf.

die Axt,

③ Markiere in ② immer **x**.

Wörter mit **x**
sind **Merkwörter**.

boxen M
die Hexe M
das Lexikon M

So schreibe ich ein Partnerdiktat
1. Ich diktiere einem Kind langsam jedes Wort.
2. Wir kontrollieren gemeinsam.
3. Wir verbessern, wenn nötig.
4. Wir tauschen die Rollen.

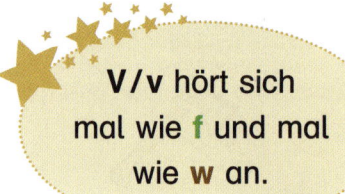
V / v hört sich mal wie **f** und mal wie **w** an.

① Ordne die Wörter in die Tabelle ein.

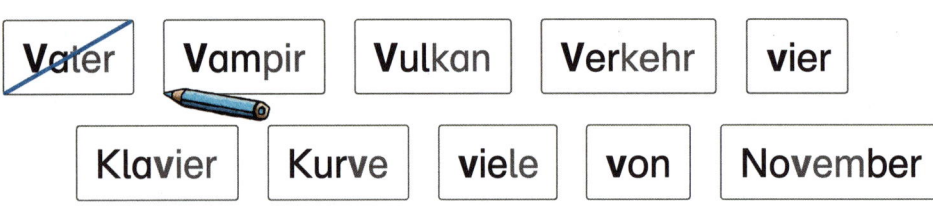

Vater   Vampir   Vulkan   Verkehr   vier

Klavier   Kurve   viele   von   November

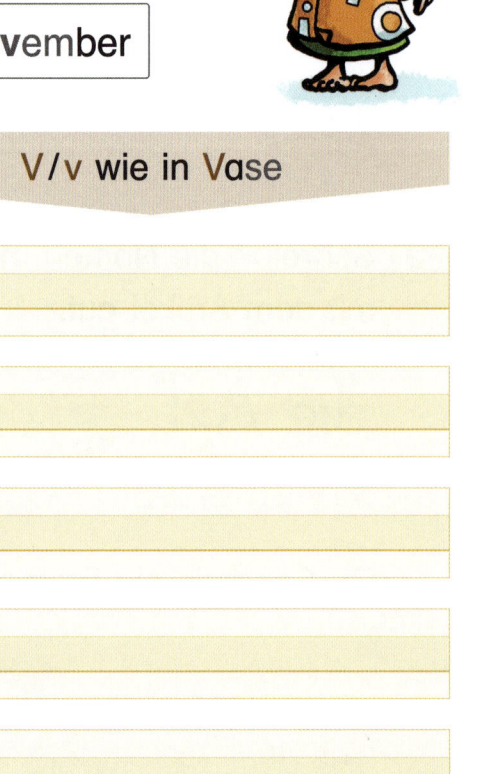

V / v wie in Vogel	V / v wie in Vase
Vater	

② Lest euch die Wörter aus ① vor.

③ Schreibt mit den Wörtern aus ①
ein Partnerdiktat.

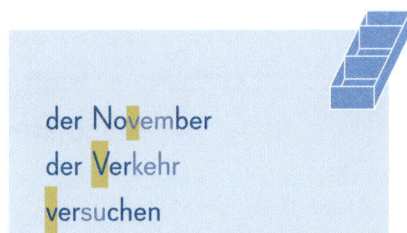
der November
der Verkehr
versuchen

Lernportion 3: Besondere Laute

Plenum: die Vorgehensweise beim Partnerdiktat und seine Anwendung als gute Möglichkeit beschreiben, Merk- bzw. Lernwörter zu üben
MK-Tipp: eine Tabelle am Computer erstellen

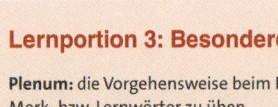 **AH 20**

1 Setze die Wörter in das Gedicht ein.

Zeh · weh · Fee · Bett

A B C D E F G

Hausaufgaben tun nicht weh .

H I J K L M N O P

Auf meinem Pudding tanzt die _____ .

Q R S T U V W

Flöhe haben keinen _____ .

X Y und Z

Oh Schreck, ein Elefant in meinem _____ !

2 Lies das Gedicht aus 1 mehrmals.

Mit einem Reim kann ich mir Dinge besser merken.

So schreibe ich Sätze ab

1. Ich lese den Satz genau.
2. Ich merke mir nach und nach einen Abschnitt.
3. Ich schreibe jeden Abschnitt auswendig auf.
4. Ich vergleiche den Satz mit der Vorlage.
5. Ich verbessere, wenn nötig.

(1) Schreibe das Gedicht ab.
Nutze die Anleitung oben.

| A B C D E F G | Ein Hase spielt \| im kalten Schnee. |

A B C D E F G – Ein

| H I J K L M N O P | Jetzt niest er und \| sein Hals tut weh. |

| Q R S T U V W | Der Papa bringt ihm \| heißen Tee. |

| X Y und Z | Das ist nett. |

> Die Buchstaben a, e, i, o, u heißen **Vokale** (**Selbstlaute**).
> Die anderen Buchstaben heißen **Konsonanten** (**Mitlaute**).

1 Lies die Wörter.

Uhr	Ofen	lesen	uns	Heft	ihm

besser	Erde	Telefon	Omi	kochen

einer	Abend	und	Ufer	Vater	Nase

Obst	fehlen	ohne	gestern	trinken

2 Unterstreiche in **1** alle Wörter, die mit einem Vokal anfangen.

3 Schreibe alle Wörter aus **1** auf,
die mit einem Vokal anfangen.

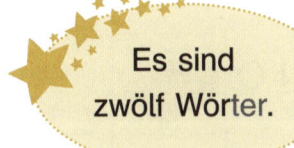

Es sind
zwölf Wörter.

Uhr,

4 Kreise die Tiere ein, deren Namen mit einem Konsonanten anfangen.

① Schreibe die Wörter auf.
Markiere die verwandelten Vokale.

~~Geld~~
~~Gold~~

Gold  – Geld

Hose
Hase

–

Nadeln
Nudeln

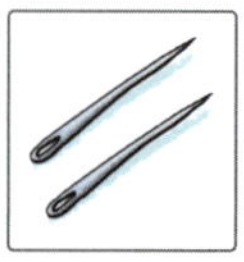

–

Kugel
Kegel

–

Hand
Hund

–

Bach
Buch

–

 **②**

Zunge

4 Vokale erkennen

① Im rechten Bild fehlen sechs Dinge.
Unterstreiche die Nomen für diese Dinge.

| Tisch | Buchstabe | Krone | Torte | Kerze | Teller |

| Gabeln | Geschenk | Luftballons | Becher | Löffel |

② Schreibe die unterstrichenen Nomen aus ① auf.
Markiere die Vokale.

Buchstabe,

③ Ergänze die Vokale.

Geburtst a g   Kerz__n   T__rte

Gesch__nke   Gab__ln   L__ftballons

T__sch    Tell__r   B__cher

① Ergänze im Abc die fehlenden Buchstaben.

A B C D E F G H I J K L M N O P Q R S T U V W X Y Z

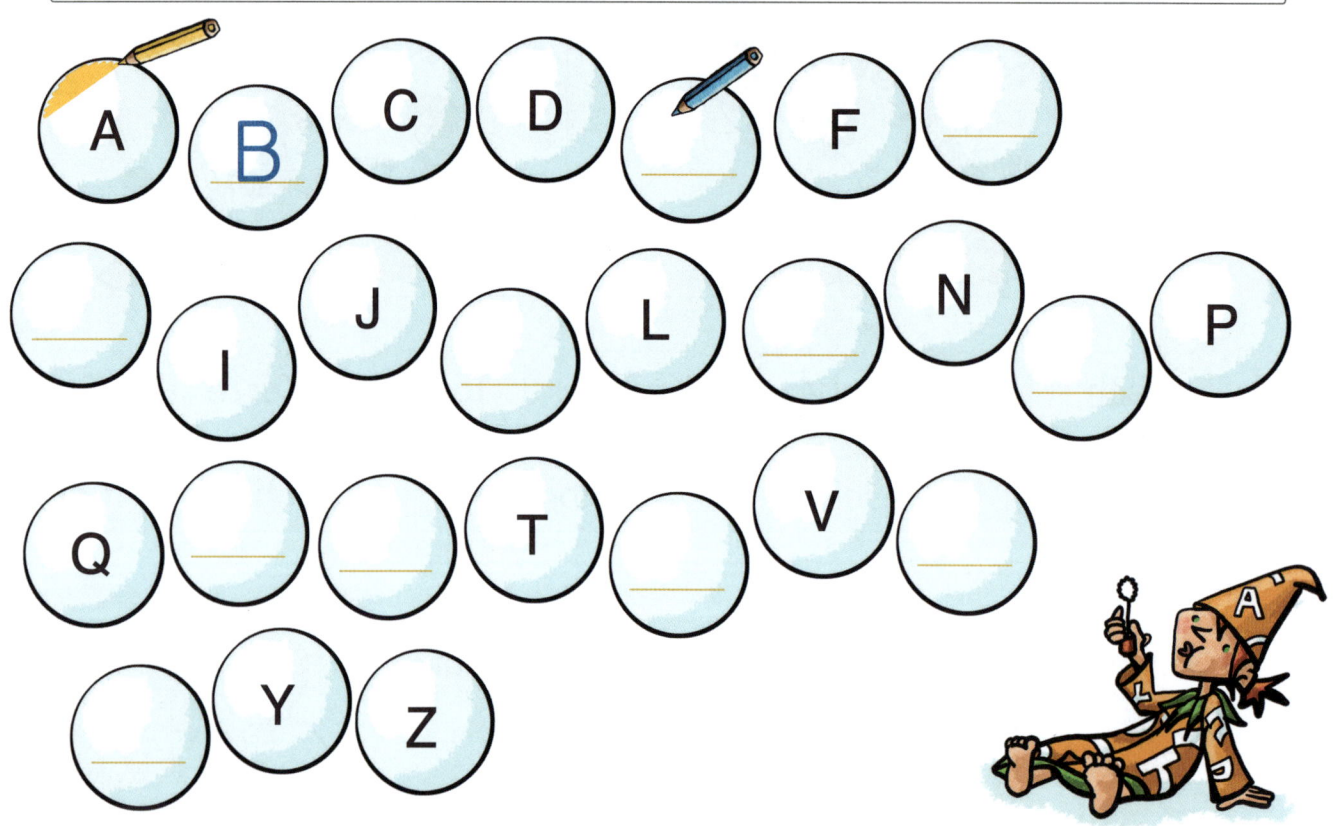

② Markiere in ① die Vokale.

 ③

① Schreibe die Reihen richtig auf.

Immer drei Kinder gehören zusammen.

? B C

A B C

W X ?

W

? K L

? H I

Q R ?

? F G

M N ?

S T ?

? Q R

① Schreibe die Namen nach dem Abc geordnet auf.

Benjamin

  ②

> Wenn der erste Buchstabe gleich ist, muss man nach dem **zweiten** Buchstaben ordnen. In der Wörterliste steht **Am**pel vor **As**t.

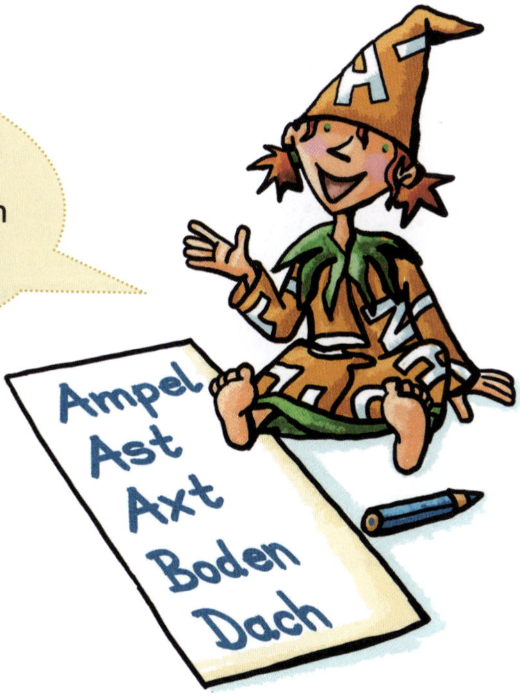

Ampel
Ast
Axt
Boden
Dach

① Unterstreiche in den Wörtern den zweiten Buchstaben.

Axt	Ampel	Ast

Ampel,

Hut	Herd	Hals

Schal	Sofa	See

② Schreibe die Wörter in ① nach dem zweiten Buchstaben geordnet auf.

Lernportion 5: Nachschlagen

Plenum: beschreiben, in welchen Fällen Wörter nach dem zweiten Buchstaben geordnet werden müssen; erkennen, dass die sichere Beherrschung des Alphabets hilfreich ist

AH 40

31

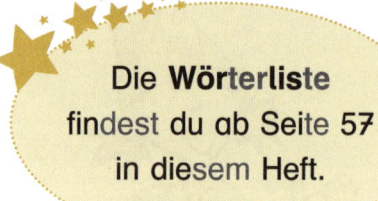

Die **Wörterliste** findest du ab Seite 57 in diesem Heft.

der **Frosch**, die Frösche
die **Frucht**, die Früchte
früh
der **Fuchs**, die Füchse
füllen
der **Fuß**, die Füße Ⓜ

G g

ganz
der **Gast**, die Gäste Ⓖ
geben

① Suche die Wörter in der Wörterliste.
Schreibe wie im Beispiel.

Wie heißt

– das erste Wort unter **G**?

ganz, Seite 58

– das letzte Wort unter **O**?

– das dritte Wort unter **M**?

– das erste Wort unter **L**?

– das letzte Wort unter **N**?

  ②

Wie heißt das erste Wort mit **P**?

① Suche die Wörter in der Wörterliste.
Notiere die Seitenzahlen.

dort	Seite 58	packen	Seite

morgen	Seite ____	Hunger	Seite ____

einzelnen	Seite ____	sandig	Seite ____

Messer	Seite ____	winken	Seite ____

ins	Seite ____	Nacht	Seite ____

② Suche die Wörter in der Wörterliste.
Schreibe wie im Beispiel.

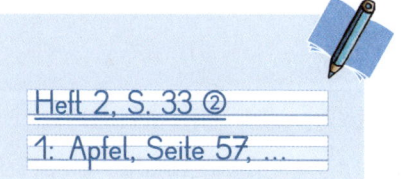

Heft 2, S. 33 ②
1: Apfel, Seite 57, …

1    2 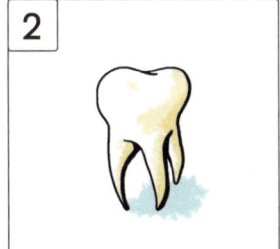   3    4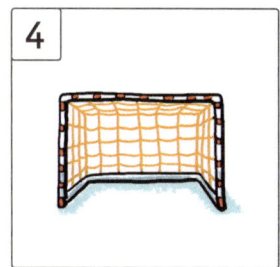

5 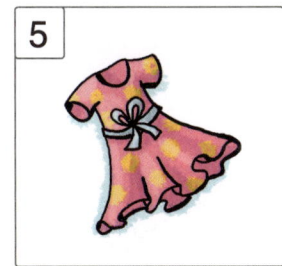   6    7

1 Suche die Wörter in der Wörterliste.
Schreibe die gesuchten Wörter auf.

a) Welches Wort steht **über** dem Wort?

bald		
Banane	**Herr**	**Quark**

b) Welches Wort steht **unter** dem Wort?

Verkehr	**Note**	**winken**

2 Suche die Wörter in der Wörterliste.
Schreibe sie auf.

1 die Mehrzahl von **Computer**   die Computer

2 die Mehrzahl von **Zoo**

3 die Mehrzahl von **Mund**

4 die Mehrzahl von **Nudel**

5 zwei Nomen mit **W**

6 zwei Verben mit **b**

Es gibt lang (_) und kurz (.) gesprochene **Vokale**:
Hof, Gast.

1 Sprich die Wörter.
Setze unter einen kurzen Vokal einen Punkt (.).
Unterstreiche einen langen Vokal (_).

Broooooot

Tisch

Brot

Schaf

Cent

Buch

Hund

Obst

Schiff

Bild

Glas

Tor

Sand

Blitz

Hut

Lernportion 6: Kurze und lange Vokale

> Ein **lang gesprochenes i** schreibe ich fast immer ie:
> Brief, viel, Tier.

(1) Schreibe die Nomen zu den Bildern. Markiere ie.

| Ziege | Sieb | Brief | ~~Knie~~ | Papier |

Knie

(2) Setze die Wörter ein. Markiere ie.

| Papier | sieben | Knie | ~~Lied~~ | Brief | vier |

Tim singt ein Lied .

Lisa schreibt einen _____ .

Opa hat Schmerzen im _____ .

Sie schreibt mit dem Stift auf _____ .

Zwölf minus acht ist _____ .

Zehn minus drei ist _____ .

der Brief
fliegen
dieser

① Kreise die sechs Nomen mit kurzem **i** ein.
Suche nur so: ⟶

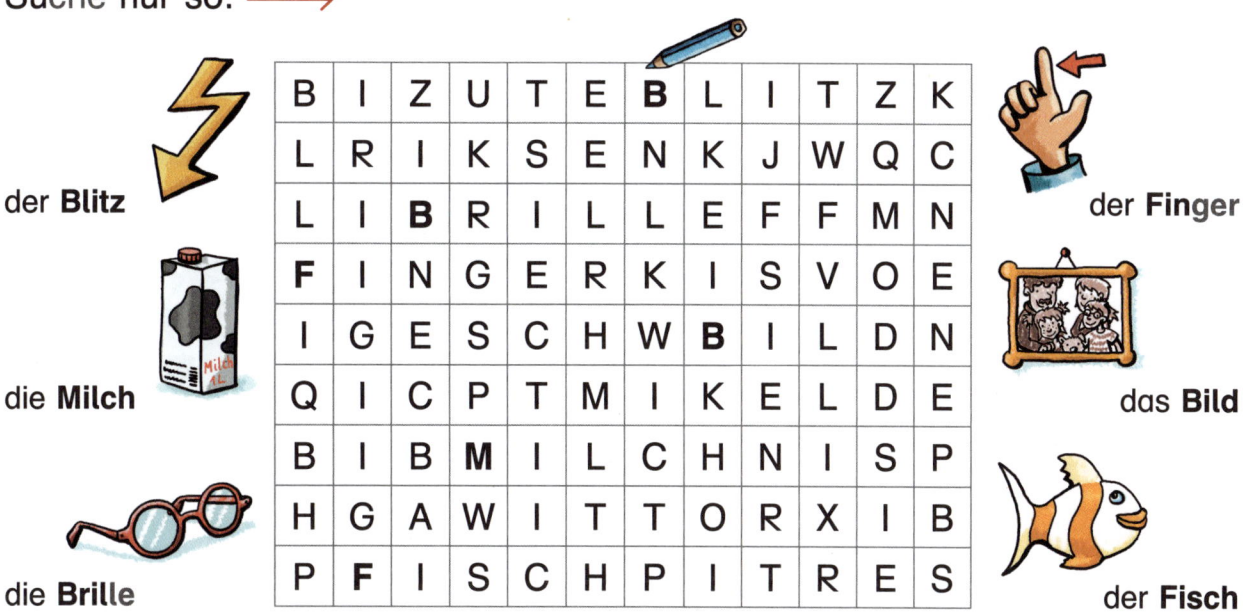

der **Blitz**

die **Milch**

die **Brille**

der **Finger**

das **Bild**

der **Fisch**

B	I	Z	U	T	E	**B**	L	I	T	Z	K
L	R	I	K	S	E	N	K	J	W	Q	C
L	I	**B**	R	I	L	L	E	F	F	M	N
F	I	N	G	E	R	K	I	S	V	O	E
I	G	E	S	C	H	W	**B**	I	L	D	N
Q	I	C	P	T	M	I	K	E	L	D	E
B	I	B	**M**	I	L	C	H	N	I	S	P
H	G	A	W	I	T	T	O	R	X	I	B
P	**F**	I	S	C	H	P	I	T	R	E	S

② Schreibe die Nomen aus ① mit dem Artikel auf.
Setze immer einen Punkt unter das kurze **i**.

der Blitz

Nur der erste Buchstabe wird großgeschrieben.

das Bild
der Fisch
der Himmel

① Kreise die Bilder mit kurzem i-Laut ein.

② Ergänze ie oder i.

 Br <u>ie</u> f	 B___ld	 B___ne
 M___lch	 Br___lle	 R___ng
 F___nger	 S___b	 St___ft

③ Setze in ② einen Punkt unter das kurze i.
Unterstreiche ie.

Vor einem **doppelten Konsonanten** steht immer ein **kurzer Vokal**:
Bett, Ball.

1 Setze einen Punkt unter den kurzen Vokal.
Markiere den doppelten Konsonanten.

Zimmer	kann	Betten
kommen	Kissen	Mutter

2 Setze die Wörter aus ① ein.

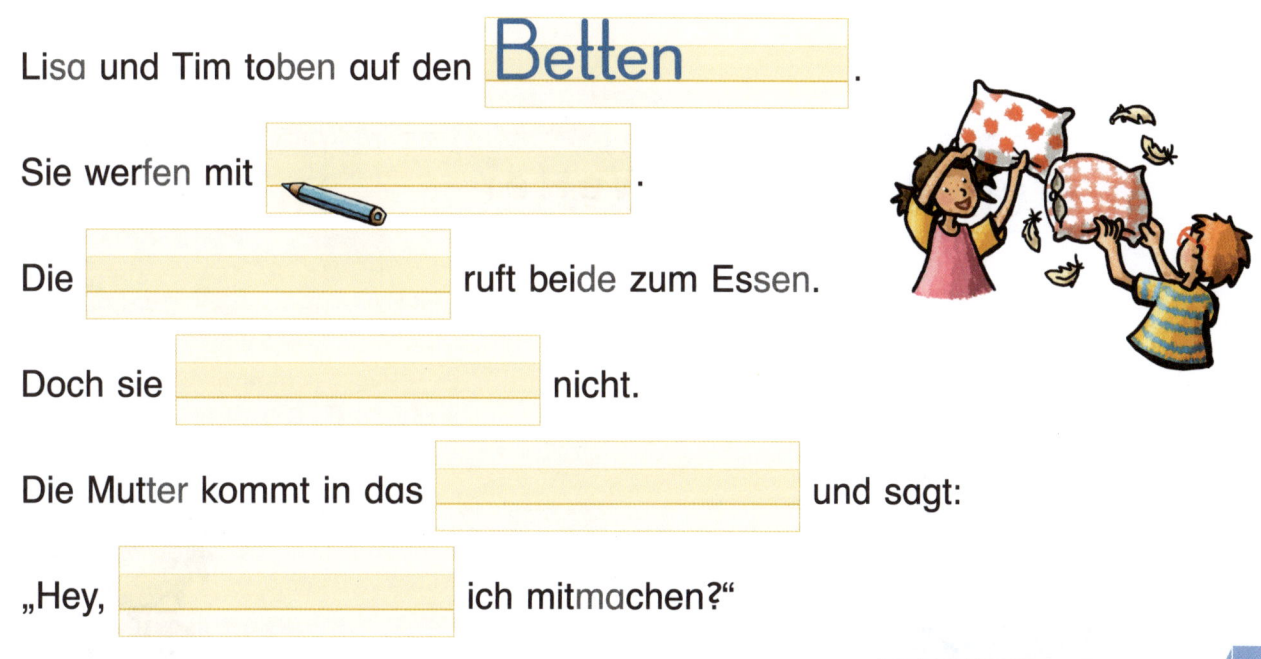

Lisa und Tim toben auf den Betten .

Sie werfen mit _____ .

Die _____ ruft beide zum Essen.

Doch sie _____ nicht.

Die Mutter kommt in das _____ und sagt:

„Hey, _____ ich mitmachen?"

3 Lies den Text aus ②
einem Kind vor.

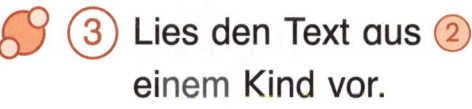

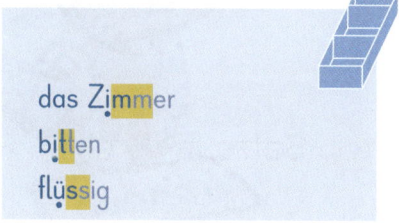

das Zimmer
bitten
flüssig

> Wörter mit einem **doppelten Konsonan**ten
> trenne ich so:
> Schlit-ten, sol-len, las-sen.

① Trenne die Wörter mit einem Strich.
Schreibe sie getrennt auf.

kön|nen	kennen	Klasse

kön   nen

Stimme	alles	wollen

Treppe	Wetter	lassen

  ②

① Lies die Wörter.

backen	Sack	Hecke
dreckig	Socke	Bäcker
Röcke	Rücken	lecker
Zucker	Schnecke	schmecken

② Schreibe die Wörter aus ① ab.

backen,

③ Setze in ② immer einen Punkt unter den kurzen Vokal vor ck.
Markiere ck.

Ich liege
auf dem Rücken.

die Hecke
der Rock
schmecken

So schreibe ich ein Schleichdiktat

1. Ich lege den Text an eine Stelle.
2. Ich merke mir einen Abschnitt.
3. Ich schreibe den Abschnitt auf.
4. Ich schreibe so Satz für Satz.
5. Ich prüfe meinen Text und verbessere.

Und das geht alles ganz leise.

① Lies den Text.
Unterstreiche die Wörter mit tz.

Die Katze ist | noch klein. |

Aber ihre Tatzen | haben scharfe Krallen. |

Damit kann sie | gut kratzen.

Mit der Zunge | kann sie | das Fell putzen. |

Am liebsten | will sie | auf dem Bett sitzen. |

Von dort | kann sie | die Spatzen sehen.

② Schreibe die Wörter mit tz aus ① ab.
Setze einen Punkt unter den kurzen Vokal.
Markiere tz.

Katze,

③ Schreibe die Sätze aus ①
Stück für Stück als Schleichdiktat,
wie oben beschrieben.

die Katze
der Platz
sitzen

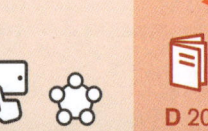

42
D 20

Lernportion 6: Kurze und lange Vokale

Plenum: die Vorgehensweise beim Schleichdiktat und seine Anwendung als gute Möglichkeit beschreiben, Lernwörter zu üben
MK-Tipp: Sätze am Computer vollständig aufschreiben, tz jeweils farbig kennzeichnen

AH 48

> Man nennt ä, ö und ü **Umlaute**.
> Umlaute findest du oft in der Mehrzahl oder in der Verkleinerungsform.
> Bälle, Bücher, Köpfchen.

① Schreibe wie im Beispiel.
Markiere a, o, u und die Umlaute.

das Buch   die Bücher

der

der

das

② Ergänze die Sätze. Markiere die Umlaute.

Eine kleine **Blume** ist ein Blümchen .

Ein kleiner **Korb** ist ein .

Eine kleine **Katze** ist ein .

Ein kleiner **Hund** ist ein .

> Mit **chen** entsteht die **Verkleinerungsform**.

Ableiten

Ich schreibe ein Wort mit ä, wenn ich es
von einem Wort mit a ableiten kann:
Hände ⚡ Hand, Bälle ⚡ Ball.

① Notiere das Wort, von dem du ableiten kannst.
Markiere den wichtigen Vokal.

die Äste ⚡ der Ast

die Hände ⚡

die Zähne ⚡

die Räder ⚡

die Bälle ⚡

② Ergänze ä oder e.
Leite ab, wenn es geht.

die N__ä__chte ⚡ die Nacht

die S____fte ⚡

die St____rne ⚡̷

die Gl____ser ⚡

Wenn ich nicht ableiten kann,
schreibe ich das Wort mit **e**:
Hefte – Heft.

die Nächte ⚡ die Nacht
die Hände ⚡ die Hand
die Säfte ⚡ der Saft

Ableiten

Ich schreibe ein Wort mit äu, wenn ich es
von einem Wort mit au ableiten kann:
Bäume ⚡ Baum, Mäuse ⚡ Maus, läuft ⚡ laufen.

① Leite die Nomen mit äu aus dem Bild ab.
Schreibe wie im Beispiel.

Schläuche

Häuser

Zäune

Mäuse

Bäume

Sträucher

Schläuche ⚡ Schlauch,

Wenn ich
nicht ableiten kann,
schreibe ich das Wort
mit **eu**:
Eulen – Eule.

die Bäume ⚡ der Baum
die Häuser ⚡ das Haus
die Mäuse ⚡ die Maus

Verlängern

Manchmal hören sich d und t am Wortende gleich an.
Beim Verlängern höre ich, was ich schreiben muss:
Hun<u>d</u> ↪ Hun<u>d</u>e, Bro<u>t</u> ↪ Bro<u>t</u>e.

① Verlängere die Wörter. Ergänze die Tabelle.
Unterstreiche d oder t.

d oder t?	↪	Mehrzahl	Einzahl

das Bro★	↪	die Bro<u>t</u>e	das Bro<u>t</u>

das Kin★	↪		

das Ra★	↪		

das Klei★	↪		

das Kin<u>d</u> ↪ die Kin<u>d</u>er
das Pfer<u>d</u> ↪ die Pfer<u>d</u>e
das Fel<u>d</u> ↪ die Fel<u>d</u>er

Verlängern

Manchmal hören sich g und k am Wortende gleich an.

Beim Verlängern höre ich, was ich schreiben muss:

Weg ↪ Wege, Bank ↪ Bänke.

① Verlängere die Wörter. Ergänze die Tabelle.
Unterstreiche g oder k.

g oder k? ↪	Mehrzahl	Einzahl
der Zu★ ↪	die Züge	der Zug
der We★ ↪		
der Zwer★ ↪		
der Ber★ ↪		
der Ta★ ↪		
die Ban★ ↪		

der Berg ↪ die Berge
der Weg ↪ die Wege
der Tag ↪ die Tage

> Wörter einer **Wortfamilie** haben den gleichen **Wortstamm**.
> Der **Wortstamm** hilft, Wörter einer **Wortfamilie** richtig zu schreiben:
> Spielzeug, Spieler, spielen.

① Unterstreiche die Wortstämme spiel und freund
mit zwei Farben.

spielen	Freund	verspielt
befreundet	spielerisch	Spieler
anfreunden	Spielzeug	Freundin
Freunde	Spielerin	freundlich

Fahrrad

Fahrer
fahren Fahrzeug
fahr

mal

Lauf

So schreibe ich ein Dosendiktat

1. Ich schreibe jedes Wort auf ein Kärtchen.
2. Ich nehme ein Kärtchen und lese das Wort genau.
3. Ich stecke das Kärtchen in eine Dose.
4. Ich schreibe das Wort auswendig auf.
5. Ich mache das mit allen Wortkärtchen.
6. Ich hole alle Wortkärtchen aus der Dose und vergleiche.
7. Ich verbessere die Fehler.

 ①

| fahren | Fahrzeug | Ausfahrt | losfahren |

Fahrrad | mitfahren | Fahrt

abfahren | Schifffahrt

Einfahrt

verfahren | Kreuzfahrt

Vorfahrt

② Unterstreiche bei den geübten Wörtern aus ① den Wortstamm.

Heft 2, S. 49 ②
fahren,
Fahrzeug,
...

Lernportion 8: Wortstamm und Wortfamilie

Plenum: die Vorgehensweise beim Dosendiktat und seine Anwendung als gute Möglichkeit beschreiben, Lernwörter zu üben
MK-Tipp: Wörter für ein Dosendiktat am Computer schreiben, ausdrucken und ausschneiden

AH 60

49

① Schreibe jedes Wort zu seinem Wortstamm. Unterstreiche ihn.

ausfliegen	zuspielen	auskochen	wegfahren

~~Kochtopf~~	Brettspiel	Ausfahrt	Fliege

koch — <u>Koch</u>topf,

spiel

fahr

flieg

② Schreibe die Wörter mit den Wortstämmen geh und seh in die Tabelle.
Unterstreiche die Wortstämme.

~~sehen~~	geht	Sehtest	Fernseher

Gehweg	ansehen	gehen	weggehen

Wortstamm geh	Wortstamm seh
	<u>seh</u>en

① Ergänze ä oder äu. Verbinde.

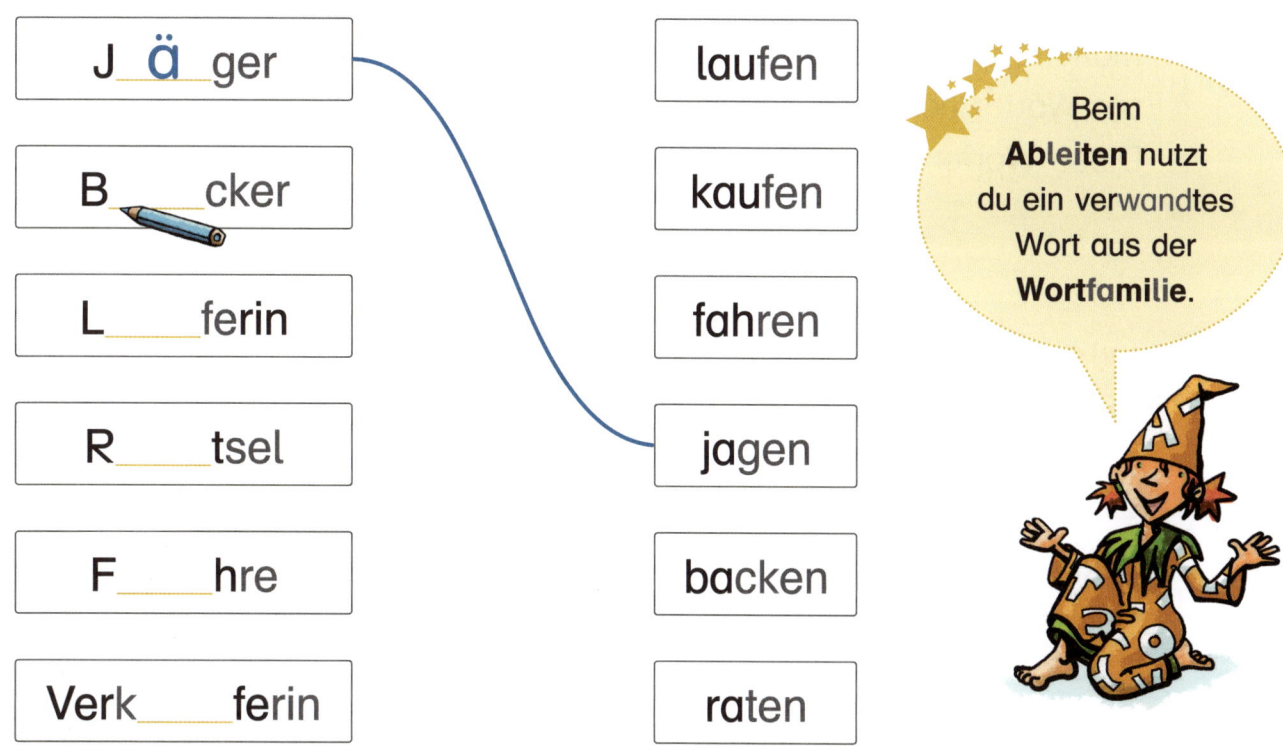

J__ä__ger	laufen
B____cker	kaufen
L____ferin	fahren
R____tsel	jagen
F____hre	backen
Verk____ferin	raten

Beim **Ableiten** nutzt du ein verwandtes Wort aus der **Wortfamilie**.

② Schreibe die Wörter aus ① auf.
Markiere ä und a, äu und au.

Jäger   ⚡ **jagen**

Merkwörter

Manchmal gibt es keine Regeln,
um Wörter richtig zu schreiben.
Diese Wörter sind **Merkwörter**.

1 Ergänze die Sätze.
Markiere den doppelten Vokal.

Doppelte Vokale
sind **aa**, **ee**, **oo**.

| Zoo | Tee | Meer | Moos |

| leer | Haare | Schnee |

Wenn man krank ist, soll man viel **Tee** trinken.

Menschen haben kein Fell. Sie haben _____ .

Der Magen knurrt, wenn er _____ ist.

Die meisten Wale leben im _____ .

Wasser kann zu Eis und zu _____ werden.

Im _____ gibt es viele Tiere.

Im Wald wächst _____ .

2 Lies die Sätze aus 1
einem Kind vor.

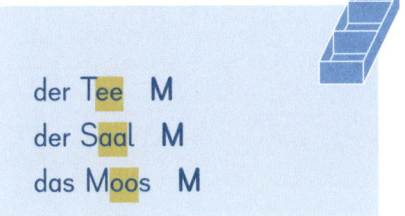

der Tee   M
der Saal   M
das Moos   M

① Schreibe die Wörter mit ß zu den Bildern.

Fuß	~~heiß~~	Großeltern	Straße

Soße	weiß	Strauß	grüßen

heiß — Seite 59

S_____ — Seite ____

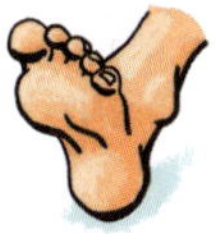

F_____ — Seite ____

w_____ — Seite ____

S_____ — Seite ____

g_____ — Seite ____

S_____ — Seite ____

G_____ — Seite ____

② Suche die Wörter in ① in der Wörterliste.
Notiere immer die Seitenzahl.

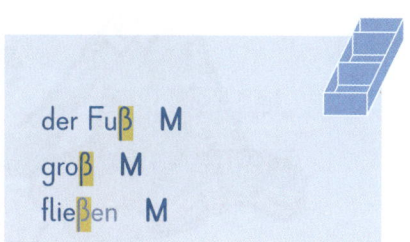

der Fuß   M
groß   M
fließen   M

① Schreibe die Tage der Reihe nach auf.

| ~~Montag~~ | Mittwoch | Freitag | Samstag |

| Dienstag | Sonntag | Donnerstag |

1 **Montag**

2

3

4

5

6

7

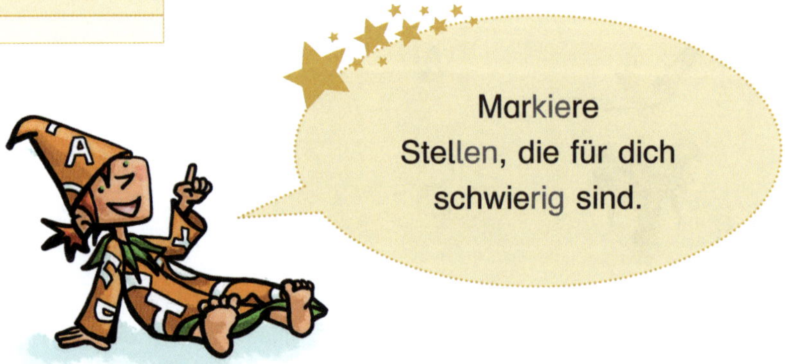

Markiere Stellen, die für dich schwierig sind.

✋ ②

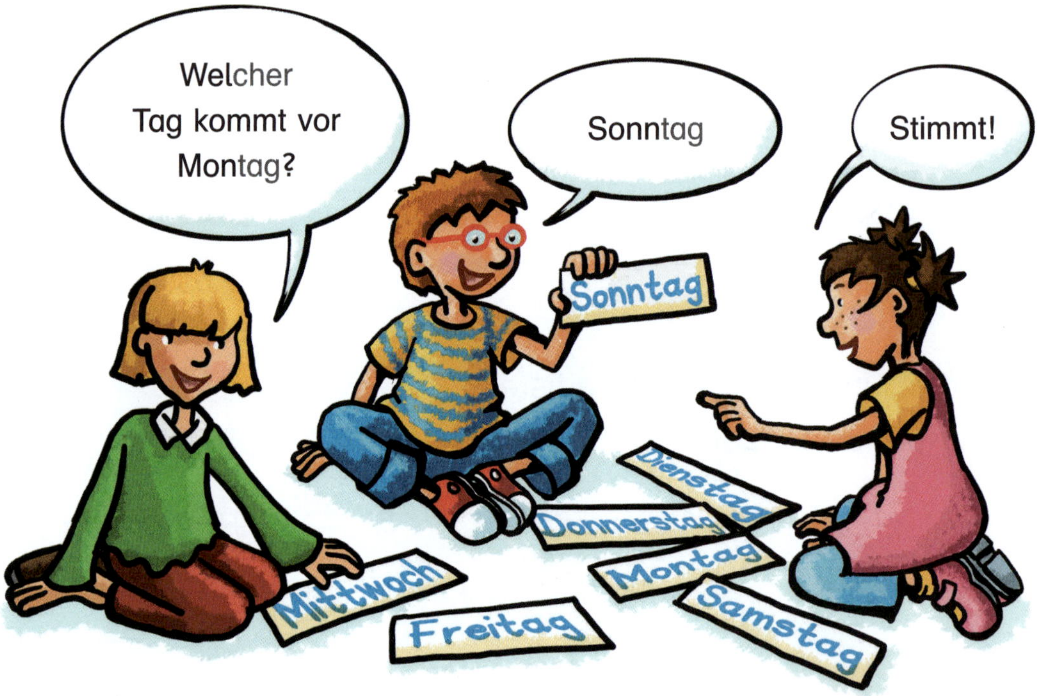

Welcher Tag kommt vor Montag?

Sonntag

Stimmt!

Sonntag

Dienstag

Donnerstag

Montag

Mittwoch

Freitag

Samstag

① Schreibe die Monate der Reihe nach auf.

| April | ~~Januar~~ | März | August |

| Oktober | September | Juni | Februar |

| Mai | Dezember | Juli | November |

1 **Januar**

2

3

4

5

6

7

8

9

10

11

12

② Ergänze die Jahreszeiten.

Im **F**_____ blühen die Bäume.

Im _____ schneit es manchmal.

Im _____ lasse ich Drachen steigen.

Im _____ gehe ich ins Freibad.

Winter
Herbst
Sommer
Frühling

(1) Schreibe zu jeder Zahl das passende Wort auf.

| eins | null | sieben | fünfzig | neunzig |

| vierzig | sechs | zwanzig | zwei | acht |

| drei | hundert | zehn | achtzig | sechzig |

| dreißig | neun | siebzig | vier | fünf |

0	null	7		50	
1		8		60	
2		9		70	
3		10		80	
4		20		90	
5		30		100	
6		40			

Alles richtig?
Sonst übe die Wörter
noch einmal im Heft.

A a

der **Abend,** die Abende
alles
die **Amsel,** die Amseln
der **Anfang,** die Anfänge
der **Apfel,** die Äpfel
der **April**
der **Arm,** die Arme
arm
der **Ast,** die Äste
auch
aufwachen
der **August**

B b

backen
der **Bäcker,** die Bäcker
die **Bäckerin,** die Bäckerinnen
der **Bach,** die Bäche
das **Bad,** die Bäder
bald
die **Banane,** die Bananen
die **Bank,** die Bänke
der **Bär,** die Bären
der **Bauch,** die Bäuche
bauen
der **Bauer,** die Bauern
die **Bäuerin,** die Bäuerinnen
der **Baum,** die Bäume
das **Bein,** die Beine
bequem
der **Berg,** die Berge
der **Besen,** die Besen
bewegen
das **Bild,** die Bilder
ich **bin**
binden
du **bist**

bitten
das **Blatt,** die Blätter
blau
die **Blume,** die Blumen
blühen
bluten
der **Boden,** die Böden
boxen Ⓜ
braun
breit
der **Brief,** die Briefe
bringen
das **Brot,** die Brote
das **Brötchen,** die Brötchen
der **Bruder,** die Brüder
das **Buch,** die Bücher
der **Busch,** die Büsche
die **Butter**

C c

der **Cent,** die Cents Ⓜ
der **Comic,** die Comics Ⓜ
der **Computer,** die Computer Ⓜ

D d

das **Dach,** die Dächer
der **Dachs,** die Dachse
dann
der **Daumen,** die Daumen
dein, deine, deiner
dem
den
denn
der **Dezember**
dich
der **Dienstag,** die Dienstage
dies, diese, dieser

dir
der **Donnerstag,** die Donnerstage ↻
dort
der **Drache,** die Drachen
die **Dusche,** die Duschen

E e

der **Eimer,** die Eimer
einem, einen
einer, eines
einzelnen
die **Eltern**
eng
der **Engel,** die Engel
der **Enkel,** die Enkel
die **Enkelin,** die Enkelinnen
die **Erde**
erst
essen
etwas
euch
euer, eure
die **Eule,** die Eulen

F f

das **Fach,** die Fächer ⚡
der **Faden,** die Fäden ⚡
die **Fahrt,** die Fahrten
fallen
falsch
die **Familie,** die Familien
die **Farbe,** die Farben
fast
der **Februar**
die **Feier,** die Feiern
das **Feld,** die Felder ↻
die **Ferien**

das **Fest,** die Feste ↻
das **Fieber**
der **Fisch,** die Fische
die **Flasche,** die Flaschen
die **Fliege,** die Fliegen
fliegen
fließen Ⓜ
die **Flöte,** die Flöten
der **Flügel,** die Flügel
flüssig ↻
das **Foto,** die Fotos
die **Frage,** die Fragen
fragen
die **Frau,** die Frauen
der **Freitag,** die Freitage ↻
fremd ↻
die **Freude,** die Freuden
der **Freund,** die Freunde ↻
die **Freundin,** die Freundinnen
der **Frosch,** die Frösche
die **Frucht,** die Früchte ↻
früh
der **Fuchs,** die Füchse
füllen
der **Fuß,** die Füße Ⓜ

G g

ganz
der **Gast,** die Gäste ⚡
geben
gegen
das **Geld,** die Gelder ↻
gerade
gern
das **Geschenk,** die Geschenke ↻
die **Geschichte,** die Geschichten
gestern
die **Giraffe,** die Giraffen

das **Glas,** die Gläser

    glauben

    gleich

    graben

    groß Ⓜ

die **Groß**eltern Ⓜ

    grüßen Ⓜ

H h

das **Haar,** die Haare Ⓜ

der **Ha**fen, die Häfen

    hallo

der **Hals,** die Hälse

der **Hams**ter, die Hamster

die **Hand,** die Hände

das **Hand**y, die Handys Ⓜ

    hart

das **Haus,** die Häuser

die **Haut,** die Häute

die **Hecke,** die Hecken

das **Heft,** die Hefte

    heiß Ⓜ

    heißen Ⓜ

    helfen

    hell

das **Hemd,** die Hemden

der **Herbst**

der **Herr,** die Herren

das **Herz,** die Herzen

die **Hexe,** die Hexen Ⓜ

    hier

die **Hilf**e, die Hilfen

der **Himmel,** die Himmel

    hin

    hinter

die **Hitze**

    holen

die **Hummel,** die Hummeln

    hundert

der **Hun**ger

    husten

I i

der **Igel,** die Igel

    ihm

    ihn

    ihnen

    ihr

    ihre

    ins

die **Insel,** die Inseln

J j

der **Januar**

    jede, jeder, jedes

der **Juli**

der **Juni**

K k

der **Kä**fer, die Käfer

die **Karte,** die Karten

der **Ka**ter, die Kater

die **Katze,** die Katzen

    kaufen

    kein, keine, keiner

der **Keks,** die Kekse

    kennen

die **Kerze,** die Kerzen

    kicken

das **Kind,** die Kinder

die **Kirsche,** die Kirschen

das **Kissen,** die Kissen

    klar

    kleben

das **Kleid,** die Kleider �
das **Knie,** die Knie
der **Knopf,** die Knöpfe
der **Koch,** die Köche
die **Köchin,** die Köchinnen
kochen
der **Koffer,** die Koffer
der **König,** die Könige ↝
die **Königin,** die Königinnen
der **Kopf,** die Köpfe
der **Korb,** die Körbe ↝
das **Kraut,** die Kräuter ⚡
die **Krone,** die Kronen
die **Küche,** die Küchen
der **Kuchen,** die Kuchen
die **Kuh,** die Kühe
kurz

L l

lachen
die **Lampe,** die Lampen
laut
leben
lecker
legen
leider
die **Leiter,** die Leitern
lenken
lernen
lesen
das **Lexikon,** die Lexika Ⓜ
lieb ↝
das **Lied,** die Lieder ↝
der **Liter,** die Liter
das **Loch,** die Löcher
der **Löffel,** die Löffel
lösen
der **Luchs,** die Luchse

M m

machen
der **Mai** Ⓜ
man
der **Mann,** die Männer ⚡
der **März**
die **Maus,** die Mäuse ⚡
mehr
mein, meine, meiner
melden
das **Messer,** die Messer
der **Meter,** die Meter
mich
die **Milch**
die **Minute,** die Minuten
mir
der **Mittwoch,** die Mittwoche
der **Monat,** die Monate ↝
der **Montag,** die Montage ↝
morgen
der **Mund,** die Münder ↝
die **Muschel,** die Muscheln
die **Musik**
muss
mutig ↝
die **Mutter,** die Mütter

N n

die **Nacht,** die Nächte ⚡
die **Nadel,** die Nadeln
das **Nashorn,** die Nashörner
nehmen
das **Nest,** die Nester ↝
nett
neu
nichts
nie
niesen

noch
die **Note,** die Noten
der **November**
die **Nudel,** die Nudeln
nun
nur

O o

ob
oben
das **Obst**
ohne
das **Ohr,** die Ohren
der **Oktober**
das **Öl,** die Öle
Ostern

P p

packen
das **Paket,** die Pakete
der **Papagei,** die Papageien
das **Papier,** die Papiere
die **Pause,** die Pausen
der **Pfeil,** die Pfeile
das **Pferd,** die Pferde
pflanzen
die **Pflaume,** die Pflaumen
pflegen
die **Pfote,** die Pfoten
der **Pinsel,** die Pinsel
die **Pizza,** die Pizzas
der **Platz,** die Plätze
die **Pommes**
das **Pony,** die Ponys
die **Post**
die **Puppe,** die Puppen
putzen

Qu qu

quaken
der **Qualm**
der **Quark**
der **Quatsch**

R r

das **Rad,** die Räder
raten
der **Raum,** die Räume
rechnen
reden
der **Regen**
reich
die **Reise,** die Reisen
rennen
riechen
der **Rock,** die Röcke
die **Rose,** die Rosen
der **Rücken,** die Rücken

S s

der **Saft,** die Säfte
die **Säge,** die Sägen
sagen
das **Salz,** die Salze
der **Samstag,** die Samstage
sandig
satt
der **Satz,** die Sätze
sauber
das **Schaf,** die Schafe
der **Schatz,** die Schätze
schauen
schenken
schicken
schlafen

schlagen

schlau

der **Schlitten**, die Schlitten

der **Schlüssel**, die Schlüssel

schmecken

der **Schmetterling**, die Schmetterlinge ↪

die **Schnecke**, die Schnecken

der **Schnee** Ⓜ

schnell

schreiben

schreien

die **Schrift**, die Schriften

das **Schwein**, die Schweine

schwer

sechs

der **See**, die Seen Ⓜ

das **Segel**, die Segel

sehr

sein, seine, seiner

seit

die **Seite**, die Seiten

die **Sekunde**, die Sekunden

selbst

der **September**

sich

singen

sinken

sitzen

die **Socke**, die Socken

der **Sohn**, die Söhne

der **Sonnabend**, die Sonnabende ↪

der **Sonntag**, die Sonntage ↪

die **Soße**, die Soßen Ⓜ

der **Spaß**, die Späße Ⓜ

der **Spaten**, die Spaten

spazieren

der **Spaziergang**, die Spaziergänge ↪

das **Spiel**, die Spiele

die **Spinne**, die Spinnen

die **Spitze**, die Spitzen

sprechen

springen

spülen

die **Stange**, die Stangen

der **Stängel**, die Stängel

staunen

stellen

der **Stempel**, die Stempel

der **Stiefel**, die Stiefel

still

stören

die **Straße**, die Straßen Ⓜ

der **Strauß**, die Sträuße Ⓜ

die **Stufe**, die Stufen

die **Suppe**, die Suppen

T t

die **Tafel**, die Tafeln

der **Tag**, die Tage ↪

tanzen

das **Taxi**, die Taxis Ⓜ

der **Teddy**, die Teddys Ⓜ

der **Tee**, die Tees Ⓜ

teilen

der **Teller**, die Teller

das **Tier**, die Tiere

die **Tochter**, die Töchter

der **Topf**, die Töpfe

das **Tor**, die Tore

tragen

der **Traum**, die Träume ⚡

treffen

trinken

die **Tür**, die Türen

der **Turm**, die Türme

turnen

die **Tüte**, die Tüten

U u

üben
die **Uhr,** die Uhren
und
uns, unser, unsere
unten
unter
der **Ur**laub, die Urlaube

V v

die **Vase,** die Vasen Ⓜ
der **Vater,** die Väter Ⓜ
der **Verkehr** Ⓜ
versuchen Ⓜ
viel, viele Ⓜ
vier Ⓜ
der **Vogel,** die Vögel Ⓜ
von Ⓜ
der **Vulkan,** die Vulkane Ⓜ

W w

wachsen
der **Wagen,** die Wagen
der **Wald,** die Wälder ↪
wann
warm
warten
warum
waschen
das **Wasser**
der **Wecker,** die Wecker
der **Weg,** die Wege ↪
weich
Weihnachten
weinen
weiß Ⓜ
welche, welcher

wem
wen
wenn
werden
werfen
das **Wetter**
wie
wieder
die **Wiese,** die Wiesen
der **Wind,** die Winde ↪
winken
der **Winter,** die Winter
wohnen
der **Wolf,** die Wölfe
wissen
das **Wort,** die Wörter ↪
wünschen
der **Würfel,** die Würfel
der **Wurm,** die Würmer
die **Wurst,** die Würste ↪
die **Wurzel,** die Wurzeln

Z z

die **Zahl,** die Zahlen
der **Zahn,** die Zähne ⚡
der **Zaun,** die Zäune ⚡
die **Zehe,** die Zehen
zeigen
die **Zeit,** die Zeiten ↪
die **Ziege,** die Ziegen
das **Zimmer,** die Zimmer
der **Zoo,** die Zoos Ⓜ
zu
der **Zucker**
zum
die **Zunge,** die Zungen
zur
die **Zwiebel,** die Zwiebeln

Themenheft 2
Richtig schreiben

Herausgegeben von: Roland Bauer, Jutta Maurach

Erarbeitet von: Katrin Baudendistel, Daniela Dreier-Kuzuhara,
Martina Schramm, Alexandra Schwaighofer
in Zusammenarbeit mit der Redaktion Grundschule Deutsch 2–4

Begutachtung: Astrid Dittberner (Niedersachsen), Susanne Gatniejewski (Sachsen)

Redaktion: Sabine Gerber, Milena Lemke

Illustration: Yo Rühmer, Frankfurt am Main

Umschlag: Cornelia Gründer, Corngreen GmbH, Leipzig (Gestaltung);
Yo Rühmer, Frankfurt am Main (Illustration)

Layout und
technische Umsetzung: lernsatz.de

www.cornelsen.de

1. Auflage, 1. Druck 2024

Alle Drucke dieser Auflage sind inhaltlich unverändert
und können im Unterricht nebeneinander verwendet werden.

© 2024 Cornelsen Verlag GmbH, Berlin

Druck: ppm Fulda GmbH & Co. KG, Fulda

ISBN 978-3-464-81367-6 (Themenheft 2, leicht gemacht, Verbrauchsmaterial)

PEFC-zertifiziert
Dieses Produkt stammt
aus nachhaltig
bewirtschafteten Wäldern,
Recycling und
kontrollierten Quellen
PEFC/04-31-1308   www.pefc.de